MÉDITATION ZÉRO BLABLA

AU PROGRAMME

POURQUOI MÉDITER ? 2

SEMAINE 1 • DÉCOUVERTE 4

SEMAINE 2 • LE CORPS 14

SEMAINE 3 • LE SOUFFLE 24

SEMAINE 4 • LA PRATIQUE 32

SEMAINE 5 • L'ATTENTION 40

SEMAINE 6 • L'ÉNERGIE 50

SEMAINE 7 • LA GRATITUDE 58

POURQUOI MÉDITER ?

Vous entendez beaucoup parler de la méditation, dans les médias ou dans votre entourage, et vous avez eu envie d'essayer…

→ Par les temps qui courent, sacrifier quotidiennement une vingtaine de minutes à une « non-activité » pareille (oui, oui ! il vous faudra rester assis vingt minutes, comme les moines, mais vous verrez, ce livre va vous en donner l'envie) peut paraître surprenant, d'autant que la méditation ne semble pas, à première vue, faire partie de notre culture, notre culture actuelle en tout cas.

Dans ce livre, vous allons vous faire découvrir la méditation progressivement, en découvrant l'un après l'autre les grands thèmes de cette pratique. Vous pouvez bien sûr adapter votre lecture à votre rythme, revenir en arrière… En méditation, vous avez le droit de prendre votre temps : profitez-en !

« LA VRAIE GÉNÉROSITÉ À L'ÉGARD DU FUTUR CONSISTE À TOUT DONNER À CE QUI EST PRÉSENT » (CAMUS).

→ La liste de ses bienfaits est tellement impressionnante que chacun trouvera des raisons de s'y mettre, tout en découvrant qu'elle apporte bien plus que le calme et la plénitude que l'on en attendait. En effet, en modifiant nos relations à nos pensées et à nos émotions, elle atténue considérablement nos souffrances…

… ET NOUS TRANSFORME PEU À PEU EN CHANGEANT NOTRE REGARD SUR LE MONDE.

LES BIENFAITS

DIMINUTION DU STRESS

RENFORCEMENT DE LA COMPASSION

RENFORCEMENT DE LA CONFIANCE EN SOI et de la détermination

AMÉLIORATION DU PROCESSUS DE GUÉRISON pour toutes sortes d'affections

DIMINUTION DE LA FRÉQUENCE CARDIAQUE

DIMINUTION DE LA CONSOMMATION D'OXYGÈNE

RENFORCEMENT DE L'ATTENTION et de la concentration

DÉVELOPPEMENT DE LA MATIÈRE GRISE DU CERVEAU, de l'intelligence, de la créativité

DIMINUTION DE LA PRESSION ARTÉRIELLE

STIMULATION DU SYSTÈME NERVEUX PARASYMPATHIQUE (donc des mécanismes réparateurs du corps et des défenses immunitaires)

AIDE À IDENTIFIER SES PEURS et à ne plus être esclave de ses pensées

DIMINUTION DE L'ÉTAT DÉPRESSIF et prévention des rechutes

RENFORCEMENT DES ÉMOTIONS POSITIVES (joie, enthousiasme)

AMÉLIORATION DE LA RELATION AUX AUTRES

AMÉLIORATION DE LA DIGESTION ET DU SOMMEIL

RALENTISSEMENT DU VIEILLISSEMENT CÉRÉBRAL

AMÉLIORATION DE LA RELATION À SOI

SEMAINE 1

DÉCOUVERTE

C'est bien beau de vouloir méditer, mais si vous ne savez pas ce qui vous attend, cela va vous freiner ! Nous allons donc tenter de définir cette pratique millénaire.

Programme de la semaine, avec quatre petits exercices pour commencer à ressentir ce qu'est la méditation :

Vous savez déjà méditer 5

Que faire et combien de temps ? 6

Le singe fou 7

Laisser aller les pensées 8

Lâcher le mental 9

Pensée toxique, Château en Espagne, Clairvoyance 10

Pourquoi ça marche ? 12

De la persévérance 13

« Méditer, c'est se vider du connu. Le connu est le passé » (Krishnamurti).

VOUS SAVEZ DÉJÀ MÉDITER

La pleine conscience est un état particulier de notre esprit, un éveil « actif », qui peut d'ailleurs survenir naturellement, que l'on cultive et renforce par la pratique de la méditation.

Vous en avez déjà maintes fois fait l'expérience dans votre vie, sans le savoir et sans mettre ce mot dessus.

« MOI ? MAIS QUAND ? » VOUS DEMANDEZ-VOUS.

→ Devant un paysage que vous trouvez sublime ; le temps semble s'arrêter, votre respiration aussi, et vous sentez que vous entrez dans une autre dimension de la vie, hors du temps. Votre conscience est en éveil et paraît plus vaste, elle perçoit, reçoit une multitude d'informations envoyées par vos cinq sens, s'ouvre à la profondeur du monde. Vous vous sentez alors tout d'un coup en relation étroite avec lui, avec quelque chose d'immense qui vous étreint. Vous savez que c'est un « moment d'éternité » très précieux, car il ne durera pas. Vous êtes en pleine conscience.

→ Lors d'un séjour à l'étranger, vous regardez de tous vos yeux pour capter un maximum de détails, car tout est nouveau. Ce regard attentif vous met automatiquement dans une grande vigilance de l'esprit, en pleine conscience, là encore. Tout le contraire de l'habitude, qui nous transforme en automates absents de nous-mêmes, sans possibilité d'émerveillement.

→ Quand vous êtes totalement concentré sur une activité, quelle qu'elle soit, aussi ordinaire soit-elle, l'esprit calme, vous êtes dans la pleine conscience.

→ Lorsque vous décidez de faire une pause pendant une journée de travail fatigante, de marcher un peu pour vous changer les idées et vous aérer le corps et l'esprit: vous vous offrez alors un moment de pleine conscience, qui, en vous extrayant d'un quotidien devenu pesant, vous redonnera de l'énergie, un regard neuf et plus créatif sur ce que vous étiez en train de faire quand vous y reviendrez.

QUE FAIRE ET COMBIEN DE TEMPS ?

COMBIEN DE TEMPS FAUT-IL MÉDITER ?

Pour débuter, une assise quotidienne d'au moins une dizaine de minutes, voire idéalement une vingtaine de minutes, est requise.

→ Pourquoi méditer pendant au moins vingt minutes ? Parce que c'est en général le temps minimal requis pour bénéficier d'une activité quelle qu'elle soit (yoga, qi gong, marche...). C'est le temps qu'il faut au corps pour s'adapter, à l'esprit pour se stabiliser et au système nerveux pour en retirer les fruits.
Dans la méditation en particulier, l'immobilité parfaite du corps induit un apaisement des tensions corporelles et, au bout d'un temps plus ou moins long, de l'agitation de l'esprit (nous verrons plus loin le lien corps-esprit).
Il y a donc une **durée minimale d'immobilité dans le silence à respecter pour jouir des bienfaits de votre méditation.** On ne peut atteindre en cinq minutes un état qui ne survient qu'au bout d'une demi-heure, car il s'agit bien de quelque chose qui survient et que l'on ne peut faire venir de force !

QUE FAIRE QUAND ON MÉDITE ?

« Alors, méditer, c'est juste s'asseoir et ne rien faire ? »

→ Exactement ! C'est en réalité tout à fait le contraire de ce que nous faisons dans la journée : nous courons généralement d'un lieu à un autre, passons d'une occupation à l'autre sans répit, sans être vraiment attentif à ce que l'on fait, car l'esprit est souvent ailleurs, occupé à ressasser le passé ou à anticiper l'avenir.
Ainsi, pendant la pratique méditative, **on essaie de se concentrer sur ce qui se passe ici et maintenant.**

« On se concentre sur quoi, puisqu'il ne se passe rien ? »

→ Sur ce qui surgit dans notre conscience, tout simplement ! Car il s'y passe un tas de choses auxquelles nous ne prêtons que rarement, voire jamais, attention !
Vous essaierez donc de porter une grande attention à ce qui survient dans votre corps et votre mental, serez dans un examen au microscope du processus de perception, que vous dirigerez vers vous, vos sensations et le fonctionnement de votre esprit. Un peu comme quand vous allez au cinéma et que vous regardez l'écran : là, c'est l'écran de votre conscience que vous regardez, en somme : votre cinéma intérieur...

LE SINGE FOU

Vous allez poser ce livre à côté de vous, fermer les yeux quelques instants et essayer de regarder votre cinéma intérieur pendant quelques minutes.

C'EST NORMAL !

C'est la façon dont se comporte notre esprit, actif du matin au soir pour pas grand-chose, comme une usine à pensées qui ne s'arrêterait jamais. On appelle « singe fou » ces enchaînements de pensées sans grand intérêt, qui s'auto-alimentent sans fin et gaspillent beaucoup d'énergie : notre cerveau consomme 20 % de notre énergie et de notre oxygène, rien que ça !

ALORS ?

Vous avez dû vous rendre compte que ce qui est souvent venu à votre conscience est un mélange pas très identifiable d'images, d'impressions vagues mêlées à des débuts de pensées plus ou moins claires sur un fond d'émotions, que vous seriez bien en peine de décrire.

À QUOI PENSES-TU ?

Grâce à la question apparemment anodine « À quoi penses-tu ? » qu'un proche plein de sollicitude nous pose parfois, on prend en général conscience de la douce torpeur de notre esprit, ou bien de la banalité, l'absurdité, quand ce ne sont pas la mesquinerie et la toxicité de nos pensées ! Il faudrait savoir qui pense en nous, car on constate que « ça » pense... sans nous, bien souvent !

LAISSER ALLER LES PENSÉES

Le flot constant de pensées qui traversent votre esprit ne vient pas soudainement de nulle part, contrairement à ce que vous pouvez croire !

Suivez bien cette explication, ça va peut-être vous paraître un peu barbare : nos pensées suivent un processus de développement qui part d'une impulsion à un niveau abstrait, non verbal, pour aller vers un niveau de plus en plus concret, comme des bulles qui s'élèveraient du fond de la mer pour venir éclater à la surface.
Une pensée n'est prise en compte qu'au moment où elle atteint le niveau conscient, verbal, de l'esprit : elle devient ensuite souvent un plan, une parole, une action.

Rien ne se manifeste dans ce monde qui ne soit d'abord une simple pensée. Or, nos pensées viennent de nos conditionnements familiaux et culturels, de nos ancêtres et de nos croyances personnelles, elles ne sont jamais vraiment les nôtres... Vous comprenez donc qu'il ne faut leur donner qu'une importance toute relative !

Mais alors, comment faire pour ne pas cultiver de pensées toxiques, puisque « ça » pense tout seul ?

EN PRENANT CONSCIENCE QU'ELLES SONT LÀ, QUE L'ON EST EN TRAIN DE LES PENSER, PUIS EN LES LAISSANT PARTIR !

NE PAS S'ACCROCHER

La méditation propose d'observer, d'accueillir sans jugement le flot constant de nos pensées, émotions et sensations, de la façon la plus neutre possible, à partir d'un ancrage qui sera défini plus loin, afin de faciliter leur prise de conscience. Nos pensées ont un pouvoir infini, sur nous et dans le monde, et le fait d'en prendre conscience leur enlève une bonne partie de leur pouvoir, les dissout : on les laisse nous traverser sans nous y accrocher, ce qui les empêche de s'incruster dans notre esprit et d'y creuser un sillon toxique !

LÂCHER LE MENTAL

Il vous arrive d'être emporté par une avalanche de pensées négatives, qui tournent en boucle, vous rendent malheureux et vous font prendre de mauvaises décisions

À ce moment-là, vous vous identifiez au mental, c'est-à-dire que vous êtes sûr que vos pensées sont justes et que vous avez raison de voir la situation sous cet angle très pessimiste ! Ce problème prend toute la place dans votre esprit, n'en laissant aucune à ce qui va bien.
Nous avons tous tendance à ruminer nos souffrances, à pleurer après tout ce que nous n'avons pas, à cultiver le négatif !

Le problème, c'est qu'à force d'être uniquement dans une forme de soumission à nos pensées, nous n'avons plus aucun recul. Or nos pensées ne sont pas toutes justes, loin s'en faut, ce ne sont que des expériences passagères.

→ Le mental ne devrait pas être notre maître, nous faisant croire à des illusions, nous faisant nous appesantir sur le passé, ou imaginer les pires choses pour notre avenir, ou bien encore nous maintenant des heures englué dans des scénarios imaginaires, merveilleux ou cauchemardesques, qui de toute façon n'arrivent jamais, la vie nous le montre tous les jours !

→ Le mental devrait rester un instrument, un outil de mise en forme de la vie, que l'on utilise quand on en a besoin, par exemple pour organiser un déplacement ou résoudre un problème pratique.

→ Ainsi, en vous apprenant à vous détacher de vos pensées, à prendre du recul, la méditation va vous alléger, vous libérer d'un poids.

Et cela sans manger moins de sucreries !

« LA SOUFFRANCE CESSE D'ÊTRE SOUFFRANCE SITÔT QUE L'ON S'EN FORME UNE REPRÉSENTATION NETTE ET PRÉCISE » (SPINOZA).

QUELQUES EXEMPLES

Dans votre quotidien, souvent le mental vient, en douce, faire son numéro. Quelques situations classiques que vous reconnaîtrez sans doute...

PENSÉE TOXIQUE

Après une remarque désagréable d'un collègue, vous vous sentez minable, sans aucun avenir, et votre journée en est gâchée.

C'est une pensée qui va tourner en boucle en réaction à cette remarque, entraînant des émotions et sensations négatives.

CHÂTEAU EN ESPAGNE

Vous êtes fou de joie : un rendez-vous longtemps attendu approche et vous ne pouvez vous empêcher de lui donner la suite idéale, que ce soit une magnifique relation amoureuse ou bien un poste très convoité, qui, dans les deux cas, changerait votre vie. Vous n'en dormez plus depuis plusieurs jours.

C'est une pensée qui risque de vous faire tomber de haut à l'issue de ce rendez-vous, car elle se fonde sur des suppositions.

Cela ne veut pas dire que vous ne devriez pas être plein de joie à la perspective de ce rendez-vous, mais qu'il faudrait juste garder la tête froide et éviter de vous emballer trop vite quant à sa suite.

Surtout, n'échafaudez pas de scénarios idylliques précis, ils ne se réalisent jamais ! Sénèque disait : « L'espérance est mère de toutes les craintes. »

« LA SAISON DE L'ÉCHEC EST LE MEILLEUR MOMENT POUR SEMER LES GRAINES DU SUCCÈS » (YOGANANDA).

CLAIRVOYANCE

Cela fait des mois que vous vous demandez quelle direction donner à votre vie professionnelle et, un matin, vous vous réveillez avec la certitude que vous l'avez trouvée. C'est clair, sans appel et d'une telle évidence que vous vous étonnez que cette idée ne vous soit pas apparue plus tôt !

C'est une vision. Elle vous donne de la force, oriente votre vie vers des choses qui vont vous nourrir et vous permettre de développer votre potentiel, ce pour quoi vous êtes fait.

PENSÉES ET CERVEAU

Mais, bien plus qu'un changement d'attitude face à vos pensées, la méditation va vous permettre de changer en profondeur votre cerveau.

... ET OUI, PAS MOINS QUE ÇA !

POURQUOI ÇA MARCHE ?

Petit cours de sciences pour comprendre comment la méditation peut régénérer et modifier le cerveau, puisque, me direz-vous, on essaie justement de le mettre au repos, en mode contemplatif. Accrochez-vous !

La méditation désoriente complètement le fonctionnement ordinaire du cerveau : en effet, elle mobilise des ressources psychiques inhabituelles en focalisant notre attention sur des perceptions (respiration, sensations, bruits, pensées...).

Cet afflux de sensations accueillies consciemment inhibe provisoirement certains circuits habituels d'attachement à nos souffrances, nos jugements et nos ruminations de pensées toxiques. Une nouvelle organisation peut ainsi être mise en place, même si cela se fait de manière fugace.

En stimulant son irrigation, **la méditation augmente la taille du cortex,** qui est la matière grise contenant les connexions neuronales de l'organisation cognitive du cerveau, activant et synchronisant toutes les zones cérébrales : le cerveau gauche ralentit (il correspond au petit moi, aux pensées, à l'analyse rationnelle) et le cerveau droit s'active (il correspond à l'intuition, la sensibilité, et apporte une perception globale des choses).
D'une méditation à l'autre, subtilement, le changement, minime au début, se précise et finit par vous transformer profondément... toujours dans le bon sens, et durablement si vous pratiquez jour après jour !

Siddhârta Gautama, plus connu sous le nom de Bouddha (« l'éveillé ») est un chef spirituel qui vécut dans l'actuel Népal au VIe siècle avant Jésus-Christ, fondateur d'une communauté de moines qui donnera naissance au bouddhisme.

C'est en quarante-neuf jours que Siddhârta Gautama a atteint l'éveil sous son arbre et est devenu Bouddha, après avoir, il est vrai, abandonné toutes possessions et attachements... ce qui ne vous sera pas demandé, rassurez-vous !
Mais vous constaterez vous aussi, petit à petit, une forme de détachement face à tout ce qui vous complique inutilement la vie.

« La répétition d'un acte crée un schéma mental qui engendre dans la physiologie du cerveau la formation de subtils tracés électriques, comme les sillons d'un disque : nous sommes victimes de nos habitudes » (Yogananda).

DE LA PERSÉVÉRANCE

Il vous faudra être persévérant, car la méditation demande du temps, un engagement personnel et une pratique quotidienne, exige discipline et détermination.

« Un monastère s'élève par addition de pierres superposées, tandis que le monastère intérieur résulte d'un déblaiement. La vraie demeure est au-dedans, il importe de la construire » (Marie-Madeleine Davy, *Le Désert intérieur*).

Vous constaterez assez rapidement que, petit à petit, cet état d'observation vigilante, que vous recherchez et entraînez pendant votre assise jour après jour, s'étend aux activités et aux événements de votre vie quotidienne de plus en plus souvent et de plus en plus naturellement.

UN CERTAIN RECUL – NOUVEAU POUR VOUS – VOUS PERMETTRA D'ÊTRE LE TÉMOIN NEUTRE DE VOS RÉACTIONS…

… pour vous aider à choisir la façon la plus appropriée de réagir face à une situation ou ne pas souffrir d'une remarque, d'une peur.
Vous remarquerez assez vite une plus grande clarté d'esprit et une diminution de vos tensions, ainsi qu'une forme de détachement par rapport aux choses superficielles qui vous encombraient l'esprit et la vie.

SEMAINE 2

LE CORPS

Même si le but ultime de la méditation est de se libérer d'un corps soumis à la maladie et à la mort, elle prend appui sur lui. D'où l'importance de le connaître et de le détendre avant de commencer les séances de méditation.

Programme de la semaine, avec sept exercices pour sentir dans son corps l'effet de la méditation :

Connaître son corps 15

Détente du visage 16

Palming 17

Sourire intérieur 18

Détente du cou, des épaules et de la poitrine 19

Détente du ventre 20

Détente du bassin 21

Détente globale du corps, prise de Terre 22

À quel moment faire vos exercices ? 23

«Le seul livre que l'on soit dans l'obligation de lire sur cette terre est notre corps » (Jean-Louis Barrault).

CONNAÎTRE SON CORPS

La première étape pour devenir un méditant confirmé est de faire sa connaissance, pour pouvoir rester quotidiennement au moins une vingtaine de minutes assis, immobile.

NOTRE CORPS NE MENT JAMAIS !

Votre façon de traiter votre corps a un impact sur votre pratique de la méditation. Il est donc temps de modifier certaines habitudes qui lui sont néfastes (alimentation, rythme de vie, manque de contact avec la nature...).

Vous avez dû vous rendre compte que votre corps ne ment jamais, qu'il vous informe constamment de votre état intérieur, vous envoie des signaux que vous mettez toute votre énergie à ne pas entendre :

« Non, je n'ai pas mal au ventre, je mange quand même ce délicieux tiramisu ! »

« Non, je n'ai pas sommeil, je veux savoir comment se termine cette série télé ! »

« J'accepte cette invitation même si la perspective de ce dîner me plombe déjà... »

Vous pouvez vous amuser à repérer vos propres dénégations récurrentes !

LES TENSIONS CORPORELLES

La première étape va donc être de **libérer votre corps des tensions** que votre attitude génère et, à cette occasion, de constater combien il est tendu à votre insu.

Les tensions corporelles sont des contractions de certaines zones du corps correspondant à des contractions de notre mental autour de certaines pensées.

En effet, **notre corps et notre mental sont interdépendants,** et l'un ne peut être affecté sans que l'autre ne le soit aussi. Vous savez bien qu'une émotion peut faire rougir, une grande peine peut faire pleurer, une contrariété peut faire mal au dos (c'est le cas de le dire : « On en a plein le dos »).

Je vais maintenant vous livrer un petit secret qui va sans doute changer votre vie de méditant débutant : **nous sommes ainsi faits que l'on ne peut à la fois penser ET éprouver une sensation**.

Essayez de faire venir une pensée à votre esprit, de l'y maintenir, tout en remuant les orteils du pied droit et en en ressentant les sensations associées.

**VOUS VOYEZ,
VOUS NE POUVEZ PAS !**

Il faut donc essayer le plus souvent possible, d'une part de relâcher les tensions, et d'autre part d'être dans vos sensations corporelles, qui sont toujours dans le moment présent, contrairement aux idées noires ! Ainsi, vous rompez le cercle vicieux !

Sans compter sur le fait que relâcher une tension vous défatigue instantanément : la maintenir est en effet hautement consommateur en énergie !

DÉTENTE DU VISAGE

« PRENDS SOIN DE TON CORPS POUR QUE TON ÂME AIT ENVIE DE L'HABITER » (PROVERBE CHINOIS).

Posez ce livre à côté de vous. Asseyez-vous dans votre verticalité, ni tendu, ni avachi. Fermez les yeux et laissez la respiration se régulariser quelques secondes.

Portez ensuite votre attention sur votre front, puis sur la zone juste derrière lui, avec l'intention de les détendre, puis sur l'intérieur de la tête, puis sur vos paupières et les globes oculaires, comme si vous les déposiez sur des supports imaginaires. Sentez-les se détendre.
Même chose pour les joues, en prenant conscience de l'extérieur, puis de l'intérieur. Desserrez les mâchoires, décollez la langue du palais et relâchez le menton en le laissant devenir lourd.
Desserrez les lèvres. Appréciez, le temps que vous le souhaitez, cette impression de repos de tout le visage.

ZONE TENDUE

La tête est une zone extrêmement tendue, car elle abrite notre usine à pensées qui ne s'arrête jamais, crispant particulièrement les mâchoires et les yeux (en plus, ça ride !).

PALMING

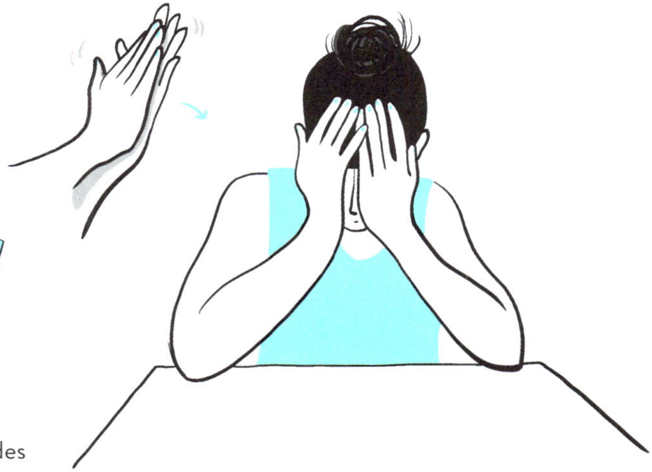

Dans son livre *L'Art de voir*, Aldous Huxley reprend les différentes techniques de rééducation visuelle mises au point par le docteur Bates au début du XXe siècle.

→ La technique du palming en est l'une des plus puissantes et une des plus simples, car elle est passive. Elle améliore la vision, apaise les tensions musculaires et psychologiques et favorise la clarté d'esprit, ainsi que la présence à soi.

BREF, QUE DU BONHEUR, ET CELA TRÈS FACILEMENT ! ALLONS VOIR DE PLUS PRÈS DE QUOI IL S'AGIT...

Frottez vigoureusement vos paumes de mains l'une contre l'autre pour y amener de la chaleur.
Asseyez-vous confortablement devant une table et posez-y les coudes (ou version plage : assise au sol, jambes un peu pliées vers la poitrine, pieds au sol, coudes sur les genoux).

Formez une coupe avec chaque main (comme si vous teniez une coccinelle au creux de la paume) afin d'éviter toute pression sur les globes oculaires quand vous les placez sur chaque œil. La base des mains vient sur les pommettes et les doigts sur le front. Couvrez ainsi chaque œil en essayant de faire l'obscurité totale, les yeux ouverts au début, puis en les fermant pour augmenter encore cette obscurité. Restez quelques minutes en respirant calmement.
À la fin, doucement, commencez par éloigner délicatement les mains des yeux, de façon qu'ils s'habituent progressivement à la lumière, avant de les ouvrir en battant des paupières quelques instants.

RESSOURCEMENT GARANTI

À faire impérativement toutes les demi-heures quand on travaille longtemps devant l'ordinateur.

SOURIRE INTÉRIEUR

Fermez les yeux avec l'intention de les détendre, comme précédemment.

Pensez à votre paysage préféré, réel ou imaginaire : visualisez bien tous les détails, attardez-vous sur tout ce qui vous enchante, les couleurs, les sons, les odeurs.
Ressentez ce qui se passe dans votre tête, derrière le front. **Pour les yogis, cette zone correspond à un centre énergétique appelé Ajna, « le troisième œil »,** le centre de l'intuition et de la sagesse. Cette subtile dilatation intérieure, cette légèreté qui monte dans votre ciel, est comme une ouverture de cet œil de clairvoyance et un sourire que vous vous offrez, une brume de bonheur que vous allez laisser se répandre dans toute la tête. Puis tout le corps !

À FAIRE SOUVENT !

« Notre façon de vivre notre corps est le fondement de notre façon de vivre dans le monde » (Thérèse Bertherat).

ET LE RESTE ?

Il faut bien sûr aussi s'occuper des autres zones du corps particulièrement sujettes aux tensions. Pas de panique, il n'y en a pas trente-six, on crispe toujours plus ou moins les mêmes zones clés, rarement les orteils, par exemple.

DÉTENTE DU COU, DES ÉPAULES ET DE LA POITRINE

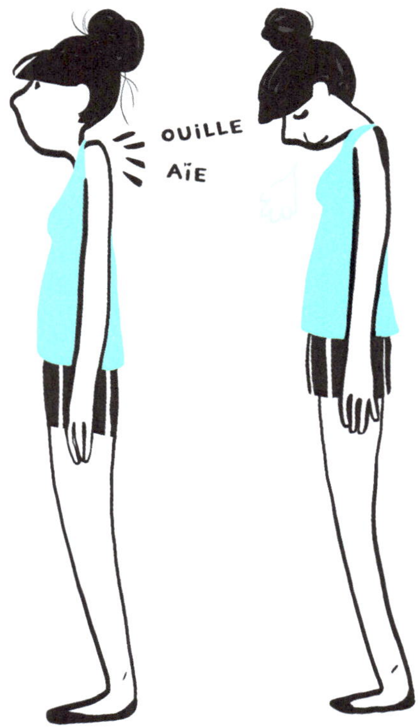

« N'ATTENDONS PAS D'ÊTRE MALADE POUR SENTIR ET CONNAÎTRE NOTRE CORPS » (MONA HÉBERT).

→ Fermez les yeux, laissez le souffle se régulariser. Portez votre attention sur votre nuque (de haut en bas) et vos épaules. Laissez-les se détendre. Faites de même pour la zone de la poitrine et du haut du dos.

ALORS ?

Vous avez sans doute remarqué que vos épaules et votre cage thoracique se sont affaissées de plusieurs centimètres : on porte généralement tout le poids du monde à ces endroits, et ils sont tendus en permanence, donc à faire le plus souvent possible !

DÉTENTE DU VENTRE

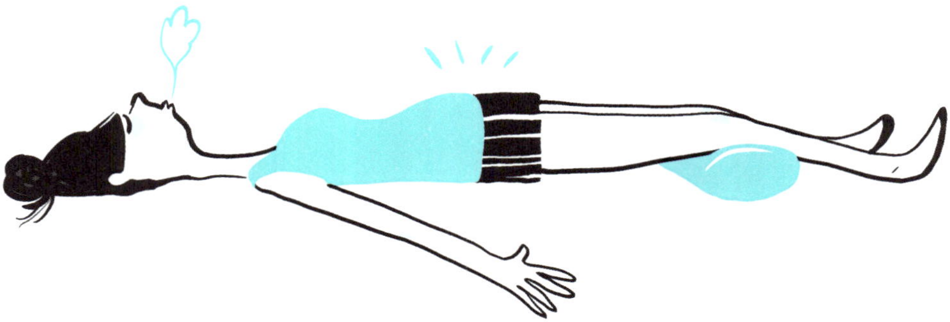

« IL EST ESSENTIEL DE VIVRE PLEINEMENT LA VIE DU CORPS AUTANT QUE LA VIE DE L'ESPRIT » (GITTA MALLASZ).

BIEN DIGÉRER

Cette zone est tendue pratiquement en permanence. À faire sans modération pour permettre une bonne digestion (des émotions et des aliments !).

→ Portez votre attention sur la zone plexus/ventre, que l'on compare de plus en plus souvent à un deuxième cerveau.

LAISSEZ-LA SE DÉTENDRE

LES TENSIONS CORPORELLES

Dès que vous avez froid, vous vous sentez agressé, vous crispez les épaules, bloquant et gaspillant votre énergie, ce qui augmente encore plus la sensation de froid, et vous entrez dans un cercle vicieux qui finit par agir sur votre esprit, qui se fige peu à peu. Essayez cette petite expérience : au lieu de vous crisper, relâchez les épaules volontairement, concentrez-vous sur votre chaleur intérieure. Vous verrez que le froid vous atteindra moins !

DÉTENTE DU BASSIN

« VOTRE CORPS EST PRÉCIEUX. C'EST LE VÉHICULE DE L'ÉVEIL. TRAITEZ-LE AVEC SOIN » (BOUDDHA).

→ Portez votre attention sur les zones du bassin et du bas du dos. Détendez-les.

Vous avez sûrement ressenti le poids de votre corps s'enfoncer dans le support sur lequel vous êtes assise, un enracinement s'est produit, une meilleure relation à la Terre, en quelque sorte.

EN ATTENDANT

Vous pouvez aussi faire cet exercice debout et ressentir les sensations jusque dans la zone des plantes des pieds : à faire sans modération dans les files d'attente ! Cela occupe, repose le mental et défatigue. La Terre a le pouvoir de nous régénérer et le fait à chaque fois que nous prenons conscience de notre poids, alors profitons-en !

DÉTENTE GLOBALE DU CORPS

Et maintenant, vous allez détendre toutes les zones que l'on vient de voir, les unes après les autres, en commençant par la tête, puis la nuque/épaules/cage thoracique, puis le plexus/ventre, en finissant par le bassin.

SAVOUREZ LA PAIX AINSI TROUVÉE...

AGRÉABLE, NON ?

Avez-vous senti cette espèce de descente intérieure en vous, comme si vous déposiez quelque chose de lourd et d'inutile sur le sol, pour vous en décharger et vous alléger ? Non ? Alors, recommencez plusieurs fois jusqu'à ressentir cette alliance renouvelée à la Terre, cette détente douce qui envahit votre corps et votre mental, et restez aussi longtemps que vous êtes bien. C'est très libérateur !

ASTUCE

Vous serez bientôt capable de le faire de façon fluide et naturelle, en un clin d'œil.

À QUEL MOMENT FAIRE VOS EXERCICES ?

S'ils doivent être faits avant la séance de méditation, ces exercices simples peuvent et doivent aussi être faits régulièrement dans la journée, à vous de trouver les moments propices…

AVANT CHAQUE REPAS

Et on fait d'une pierre deux coups, car la qualité de notre digestion dépend en grande partie de notre état intérieur au moment de la première bouchée ! Si vous y ajoutez un sentiment de gratitude pour ce que vous allez manger, vous avez votre petite prière laïque.

AU MOMENT DE VOUS ENDORMIR

Plusieurs fois de haut en bas. Vous pouvez évidemment affiner cette expérience de détente en vous essayant aussi sur d'autres zones du corps, par exemple les coudes, les poignets, etc. Il y en a une infinité ! Cela favorise une nuit tranquille. Dans ce cas précis, bien sûr, on sent le poids de son corps s'enfoncer dans le matelas.

AVANT UN RENDEZ-VOUS IMPORTANT

Et, d'une façon générale, à chaque moment de stress, les occasions ne manquent pas (vous ne remercierez jamais assez les personnes difficiles que vous êtes obligé de côtoyer !).

À CHAQUE FOIS QUE VOTRE TÉLÉPHONE SONNE

Ou que vous recevez un sms, histoire d'être au top de votre sérénité pour accueillir les imprévus de toute sorte.

LÂCHER PRISE

À force de relâcher les tensions, qui ne sont ni plus ni moins que des couches qui vous séparent de votre essence profonde, vous libérerez les énormes ressources d'énergie qu'elles mobilisent à votre insu de façon chronique. En effet, cette perte d'énergie est la cause majeure de la fatigue et des maladies, et empêche vos organes et glandes de travailler dans de bonnes conditions. Le lâcher-prise face à une tension ou une souffrance transforme intérieurement. De plus, en le désamorçant régulièrement, ce cercle infernal pensées/tensions perdra de sa force, car il sera moins nourri.

SEMAINE 3

LE SOUFFLE

On a l'impression de le connaître déjà par cœur et il fait tellement partie de nous qu'a priori, on ne voit pas trop ce que son observation pourrait nous apporter de nouveau. Eh bien, détrompez-vous : c'est la porte d'accès à un monde immense !

Programme de la semaine, avec six exercices de méditation sur le souffle :

Gérer son souffle 25

Observation du souffle au bord des narines 26

Observation du souffle derrière le front 27

Observation du souffle dans la poitrine 28

Observation du souffle dans le ventre 29

Observation globale du souffle 30

Respiration alternée 31

« Ce mouvement alternatif d'inspiration et d'expiration a été donné à notre corps pour que, irrigué et rafraîchi, il se nourrisse et vive » (Platon).

GÉRER SON SOUFFLE

« L'homme ne peut être heureux s'il ne domine pas son souffle » écrivait Platon.

Dit autrement, la gestion du souffle entraîne celle du mental, car le rythme de la respiration est lié à la régulation du système nerveux, à la circulation sanguine et à la santé de nos cellules.

IL INFLUENCE DIRECTEMENT L'IRRIGATION DU CERVEAU, QUI RESPIRE ET UTILISE 20 % DE NOTRE OXYGÈNE ET PRODUIT NOS FAMEUSES PENSÉES.

La respiration est donc un merveilleux baromètre de notre état intérieur, car il existe une relation intime entre le souffle et le mental :

→ Calme, profond et nourrissant quand nous sommes heureux,

→ Court, haut, irrégulier et insuffisant en cas de stress.

En ce qui concerne la méditation, nul besoin d'exercices respiratoires compliqués (et parfois très contraignants, il faut bien le dire) : **l'attention au souffle suffit à le réguler de façon naturelle.**
On ne force rien, on regarde, et c'est simplissime ! Quand l'observateur est neutre (vous ne pensez rien, ni en bien, ni en mal), il se produit automatiquement un phénomène de régulation.
Cette attitude détachée n'est pas forcément facile à trouver, mais elle est nécessaire : prenez dans un premier temps conscience que vous vous impliquez trop dans ce que vous observez et vous finirez par trouver, petit à petit, la bonne attitude.

LE MIRACLE DE LA VIE

Prendre conscience du souffle, c'est réaliser que « ça » respire en nous, que ce souffle ne nous appartient pas, qu'il nous est juste prêté pour un temps limité, qu'il nous relie à quelque chose de beaucoup plus grand que nous, qui est tout simplement le miracle de la vie.

OBSERVATION DU SOUFFLE AU BORD DES NARINES

→ Fermez les yeux.
Portez votre attention sur le bord inférieur de vos narines et prenez conscience de votre souffle naturel, frais à l'inspir et tiède à l'expir, sans chercher à le contrôler, ce qui n'est pas facile.

Allez-y !

Au moins 6 respirations, c'est-à-dire 6 cycles inspir-expir naturels.

ALORS ?

Vous avez sans doute perçu qu'entre un inspir et un expir, il y a un petit temps d'arrêt du souffle, lorsqu'il bascule de l'un à l'autre. Non ? Alors, recommencez...
Explorez ces quelques secondes pendant lesquelles la respiration bascule, toujours sans chercher à la contrôler.

TOUJOURS PERSÉVÉRER

Si vous avez vraiment essayé d'accueillir le souffle tel qu'il se présente, vous avez forcément remarqué que c'est extrêmement difficile et que l'on n'y arrive pas longtemps : nous avons en effet la manie de désirer tout contrôler. Ce n'est pas grave, vous en êtes à vos premiers tâtonnements. Il faut persévérer !

OBSERVATION DU SOUFFLE DERRIÈRE LE FRONT

Refaites une petite séance et portez cette fois votre attention sur l'observation du souffle dans la zone entre les sourcils, derrière le front, zone dite « du troisième œil », centre psychique lié à la sagesse et à l'intuition.

Allez-y pour 6 respirations !

Essayez d'y ressentir le plus finement possible les sensations les plus subtiles, comme une caresse, un souffle intérieur qui va et qui vient.

Vous avez perçu cette agréable impression qu'un ciel respire dans votre tête ? Non ? Pas de panique, ça viendra avec la pratique. Et ne vous découragez pas si vous avez du mal à vous intéresser longtemps au souffle, c'est normal. Cela viendra aussi, avec la pratique...

« LA RESPIRATION EST LE BERCEAU DU RYTHME » (RAINER MARIA RILKE).

OBSERVATION DU SOUFFLE DANS LA POITRINE

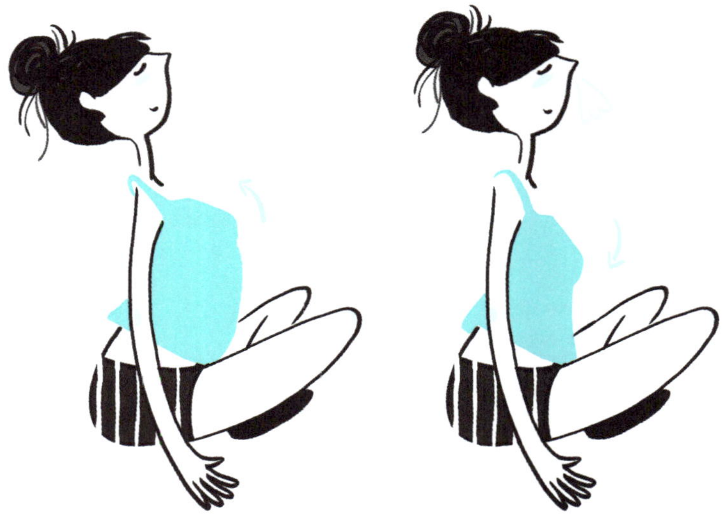

Portez maintenant votre attention sur la poitrine et observez son léger mouvement vers le haut à l'inspir et vers le bas à l'expir, tout en respectant le rythme naturel de la respiration.

Allez-y, au moins 6 respirations !

En ayurvéda (science millénaire indienne de la connaissance de la vie), elle correspond au chakra du cœur, Anahata, centre énergétique de l'amour, de la compassion, de la relation à l'autre, de la gratitude, des sentiments. Habitez-la, prenez la température de votre cœur avec un respect infini.

« Nous avons tous en nous un potentiel de guérison, une énergie qui habite nos profondeurs, en relation avec l'univers et chaque cellule de notre corps. Quand elle circule librement, nous sommes en bonne santé. Quand elle est retenue, enlisée, cela nous détruit, ainsi que notre environnement » (Marie Lise Labonté).

OBSERVATION DU SOUFFLE DANS LE VENTRE

Portez maintenant votre attention sur le ventre.
Notez, accueillez, laissez-vous surprendre par ses mouvements : dilatation vers le haut et l'avant à l'inspir, et détente vers le bas à l'expir, sans rien forcer (et même dans toutes les directions, si vous observez très finement).
Connectez-vous le plus profondément possible aux sensations subtiles, aux images éventuelles qui montent, en observant finement de l'intérieur le souffle dans cette zone.

« Notre corps est bien plus qu'un assemblage de molécules obéissant aux seules lois chimiques et biochimiques : il comporte une dimension énergétique en relation directe avec toutes les forces de la nature et du cosmos ». (Mona Hébert).

Allez-y, au moins 6 respirations !

OBSERVATION GLOBALE DU SOUFFLE

Essayez d'être conscient à la fois de ce qui se passe dans les narines, l'arrière du front, la poitrine et le ventre : suivez le trajet de l'air à l'inspir des narines jusqu'au ventre, et inversement à l'expir.

ACCUEILLEZ LE SOUFFLE TEL QU'IL EST, TOUJOURS SANS CHERCHER À LE CONTRÔLER.

Ressentez-le comme une vague bienfaisante et amicale qui vous traverse ; accueillez-la avec gratitude, elle vient de loin et vous relie à votre environnement et, plus largement, à la vie !

Allez-y, au moins 6 respirations !

Au début, il peut être utile d'associer au souffle des images particulières pour rester plus facilement à son contact.
Vous pouvez par exemple vous imaginer être un surfeur qui épouse au plus près la vague qui se forme et grossit à l'inspir, et se casse pour s'abandonner dans l'océan à l'expir.
À vous de trouver l'image qui vous aidera, au début, à ressentir le souffle, puis vous la lâcherez ensuite pour être complètement immergé dans vos sensations.
Avez-vous senti un léger mouvement ascendant du haut du corps à l'inspir et descendant à l'expir ? Ainsi qu'un léger mouvement d'expansion à l'inspir et une petite rétraction à l'expir, comme si vous étiez une sorte d'éponge qui se gonfle de la lumière de l'univers à l'inspir et l'envoie dans vos cellules à l'expir ?
Non ? Alors recommencez et profitez de chaque expir pour vous détendre un peu plus, surtout les zones-clés (vues au chapitre précédent) que sont le visage, la nuque et les épaules, la poitrine et la région du ventre et du bassin.
Sentez l'enracinement un peu plus profond à chaque expiration.

RESPIRATION ALTERNÉE

Cette technique nommée Anuloma Viloma ou encore Nadi Shodana en sanskrit, consiste à respirer alternativement par une narine puis par l'autre. Elle a des vertus apaisantes, régularise la circulation sanguine dans le cerveau et harmonise le corps émotionnel.

Chaque narine est reliée à un trajet énergétique particulier : la droite est en relation avec l'énergie masculine et la gauche avec l'énergie féminine. Cette technique de respiration alternée permet d'équilibrer les deux.

Asseyez-vous en tailleur confortablement, le dos droit dans ses courbures naturelles, le haut du corps libre et dégagé, les yeux fermés, les mains sur les genoux.
Respirez calmement quelques instants en détendant tout le corps, une zone après l'autre.
Posez ensuite les extrémités de l'index et du majeur de la main droite sur la ligne médiane du front, un peu au-dessus de la ligne des sourcils.
Inspirez par les deux narines, puis fermez la narine droite avec le pouce droit et expirez par la narine gauche longuement.

Inspirez ensuite par la narine gauche, puis fermez-la avec l'annulaire droit, et expirez par la narine droite que vous dégagez. Ré-inspirez par la droite, expirez par la gauche, et ainsi de suite : on change de narine uniquement à l'expir.
Essayez d'allonger le souffle peu à peu, sans forcer cependant, une régularisation se fera naturellement. Veillez toutefois à ce que l'expiration soit plus longue que l'inspiration. Vous constaterez qu'une rétention poumons pleins arrive naturellement après l'inspir.
Faites cet exercice au moins 5 minutes et clôturez cette séance après une expiration par la narine gauche.

ASTUCE

À pratiquer le soir avant de s'endormir pour favoriser une nuit tranquille.

SEMAINE 4

LA PRATIQUE

Fort des expériences qui précèdent, il est maintenant temps de vous lancer dans votre première séance de méditation !

Car, comme le dit Satyananda (auteur du livre *Yoga Nidra*), « une once de pratique vaut mieux que des tonnes de théorie ».

Programme de la semaine, avec deux exercices pour approfondir votre pratique :

Ne rien attendre 33

Les détails pratiques 34

Concentration sur le souffle 36

Concentration sur une zone du corps 38

Difficultés et obstacles 39

« Il n'est pas nécessaire de méditer au nom de Jésus, de Bouddha ou de qui que ce soit. Il suffit de méditer, tout simplement » (Yehudi Menuhin).

NE RIEN ATTENDRE

Vous avez appris à vous mettre en condition en détendant votre corps et en sachant observer votre souffle, vous êtes donc prêt à sauter dans le grand bain !

Cependant, vous devrez essayer de l'aborder comme une marche à gravir vers vous-même, votre essence, même si vous y venez d'abord pour des raisons d'amélioration de votre santé et de votre équilibre.

ET C'EST PARADOXAL, MAIS VOUS DEVEZ ESSAYER DE NE RIEN EN ATTENDRE !

« Mais, et la liste des bienfaits qu'elle apporte ? » me demanderez-vous.
L'attente d'un résultat, l'espoir de récolter des fruits précis, empêche la justesse d'une action, quelle qu'elle soit. La sagesse populaire nous le montre à travers des dictons comme « ne pas vendre la peau de l'ours avant de l'avoir tué » ou encore l'histoire de Perrette et le pot au lait.
Une fois que l'on a décidé d'agir, et après avoir mûrement réfléchi à la pertinence de cette action, on doit le faire au mieux, en remettant l'issue de l'action à la vie, à laquelle on décide de faire confiance. Vous avez décidé de vous diriger vers la méditation, vous la pratiquerez donc sans guetter de résultats !

C'est une attitude générale très subtile que l'on doit essayer de trouver et de cultiver dans tous les domaines de la vie (le travail, la famille, les amis...), que les conséquences soient plaisantes ou non.

ÉTONNAMMENT...

Dans le cas de la méditation, on décide de s'y mettre car on pressent tout ce qu'elle peut apporter à notre chemin, sans pour autant attendre de résultats concrets. Oui, je sais, cela semble un peu étonnant. Et pourtant...

« AU DÉBUT RIEN NE VIENT. AU MILIEU RIEN NE RESTE. A LA FIN, RIEN NE PART » (MILAREPA).

SEMAINE 4

LES DÉTAILS PRATIQUES

Assurez-vous que vous ne serez pas dérangé. Coupez toutes les sources de sonnerie et mettez-vous loin de la porte d'entrée. Au besoin, prévenez votre entourage que vous voulez être tranquille quelques minutes.

Prenez un réveil que vous réglerez à cinq minutes.

LE LIEU

Il est bon de méditer quotidiennement au même endroit, calme et sain, et, si possible, au même moment. Si vous le pouvez, aménagez-vous un endroit d'une façon que vous aimez particulièrement. Les rituels ont cela de puissant que le simple fait de s'y préparer réactive automatiquement les sensations que l'on y associe. De plus, méditer régulièrement dans un endroit le charge d'une énergie de paix, qui finit par être très palpable.

LA TENUE

Vous ne devez pas être gêné par vos vêtements, choisissez-les donc amples au niveau de la taille et des cuisses, et de préférence dans des matières naturelles, coton ou laine.
Prévoyez que l'on se refroidit généralement un peu en étant immobile, donc couvrez-vous.

LA POSTURE

Vous allez chercher une posture qui favorise la détente et une bonne circulation d'énergie.

Une posture n'est jamais neutre ni seulement physique, elle est toujours également émotionnelle et mentale. En effet, elle reflète un état d'esprit et peut même agir sur lui, car elle influe sur la circulation sanguine et la circulation énergétique, donc sur le fonctionnement de l'organisme tout entier.

Pendant la séance de méditation, l'important est de pouvoir rester immobile, préalable indispensable à un silence mental.
La posture classique est l'assise en tailleur, le dos vertical, respectant ses courbures naturelles. Les fesses sont posées sur l'avant d'un petit coussin, de façon que les genoux soient plus bas que les articulations des hanches, mais si ce n'est pas le cas, aucun problème. Il faut savoir accueillir ses limites avec bienveillance, et même, humour !
Si l'assise en tailleur vous est impossible, asseyez-vous sur une chaise, les pieds parallèles, écartés de la largeur des hanches, posés à plat sur le sol (ou sur des livres empilés si les pieds ne touchent pas le sol). Le dos ne doit pas s'appuyer sur le dossier, maintenez-le dans sa verticalité en étant plutôt sur l'avant de la chaise.

VOUS NE DEVEZ RESSENTIR AUCUNE DOULEUR DANS L'UNE OU L'AUTRE POSITION.

Tirez légèrement la peau des fesses vers l'arrière et l'extérieur pour élargir votre base en obtenant une très légère cambrure tout en bas du dos : vous ne devez pas être assis sur l'anus, mais lui faire « regarder le soleil », par une petite bascule du bassin vers l'arrière.

À partir de cette base ferme, on se redresse naturellement en évitant ainsi que le dos ne soit voûté (il a souvent tendance à se voûter au fil de la méditation, et on compense en penchant la tête en arrière, ce qui perturbe la circulation entre la tête et le corps, ou bien la tête part carrément en avant quand on s'engourdit dans un demi-sommeil). La sensation du dos est importante, car il contient notre axe vertical qu'est la colonne vertébrale. Allongez la nuque dans son prolongement, le menton légèrement reculé vers la gorge pour bien tirer le sommet de la tête vers le ciel, comme s'il y était suspendu par un fil de soie invisible, puis relâchez les épaules.

Les yeux fermés (mi-clos est classiquement recommandé mais, au début, il est plus facile de s'abstraire du monde extérieur en les fermant sans crispation), installez-vous ni trop en avant ni trop en arrière. Vous devez solliciter un minimum de muscles.

Trouvez la juste mesure entre tension excessive et relâchement excessif : cette juste mesure est à renégocier régulièrement, car on a tendance à s'avachir.

ET LES MAINS ?

Pour les mains, il existe différentes façons de les positionner, appelées mudras en sanskrit, mais nous nous contenterons des mains posées sur les genoux, paumes vers le ciel.

« DES MILLIERS DE RAISONNEMENTS NE REMPLACENT PAS LA MÉDITATION » (YOGANANDA).

CONCENTRATION SUR LE SOUFFLE

Quand vous sentez que vous êtes bien positionné, vous pouvez commencer à détendre toutes les zones de votre corps, visage, nuque, épaules, poitrine, ventre et bassin.
Vous ressentez une descente intérieure de votre centre de gravité dans le bassin, qui requiert une verticalité à la fois ferme et vivante.
Observez ensuite les effets du souffle (sans chercher à le contrôler) dans chacune de ces zones l'une après l'autre pendant un moment, de haut en bas, en utilisant chaque expir pour les détendre un peu plus (changez de zone quand vous la sentez bien relâchée).
Prenez ensuite conscience globalement du souffle, c'est-à-dire partout à la fois : vous accueillez son rythme, remarquez ses moments de suspension naturelle, l'observez devenir ample et aisé... Comme si c'était la chose la plus importante du monde.

Et… c'est tout !

Bien sûr, des pensées vous viendront à l'esprit et vous détourneront de l'observation du souffle.
À chaque fois que vous vous rendrez compte que vous êtes en train de penser ou de ne plus être attentif au souffle (et cela va arriver fréquemment car c'est notre fonctionnement habituel), vous ramènerez doucement votre attention sur lui, si possible sans jugement du style « je suis nul », car c'est plutôt une victoire de s'en rendre compte (mais sans jugement du style « je suis trop fort » non plus !).
Si malgré tout il y a un jugement, pas de problème, accueillez-le, puis revenez au souffle.
Essayez de laisser les pensées vous traverser sans vous y accrocher.
Recommencez inlassablement ce retour de la conscience sur le souffle, comme on revient chez soi.
Il y aura aussi des sensations physiques, pas forcément agréables, même si au départ la posture vous semblait très confortable. Dans cette immobilité, les imperfections inévitables de la posture doivent être accueillies, comme les pensées.

À chaque fois que vous le faites, c'est comme un voile que vous enlevez dès que la conscience commence à s'obscurcir, à retomber dans les pièges habituels des pensées automatiques. Et c'est absolument nouveau pour votre cerveau, dont vous avez nourri toutes les pensées qu'il vous envoyait jusqu'à présent !
C'est un peu comme si vous vous mettiez à explorer des chemins de traverse au lieu de prendre toujours la même autoroute. : vous êtes doucement en train de redessiner l'architecture intérieure de votre cerveau. Bravo !

Alors que là, vous étiez dans l'immobilité totale, tout en devant vous concentrer sur quelque chose qui vous semble sûrement encore un peu insignifiant. Et votre cerveau, habitué à produire sans arrêt des pensées-pièges dans lesquelles vous vous laissez embarquer, a été déstabilisé car vous avez essayé de ne pas trop vous laisser faire (il vous en a même peut-être envoyé plus que d'habitude).

Allez-y, mettez le réveil sur 5 minutes et accueillez votre cinéma intérieur en tentant de garder l'attention sur ce souffle merveilleux.

ALORS ?

Vous avez dû vous rendre compte qu'il n'est pas si facile de focaliser longtemps son attention sur un objet, quel qu'il soit d'ailleurs, mais d'autant plus quand cet objet ne présente pas un intérêt folichon. On y arrive dans la vie quotidienne quand on est très intéressé par quelque chose, mais là… Et, surtout, vous venez de vous imposer quelque chose qui est l'exact opposé de la vie ordinaire : en effet, d'habitude, dans la journée, on passe d'une activité à l'autre sans répit, parfois même on fait plusieurs choses à la fois, courant dans tous les sens, en pensant bien souvent complètement à autre chose.

UNE RÉVOLUTION

Vous venez d'entamer un processus révolutionnaire, ni plus ni moins ! Car prendre conscience que l'on est en train de penser et décider de laisser passer les pensées en revenant au souffle, permet progressivement de se désidentifier d'elles, de les considérer simplement comme des phénomènes passagers sans importance, donc d'en être moins esclave (puisque l'on a vu qu'elles sont la cause principale de nos souffrances), et, peu à peu, de diminuer leur fréquence.

CONCENTRATION SUR UNE ZONE DU CORPS

Si vous avez eu du mal à vous concentrer sur la respiration globale du corps, vous pouvez choisir l'une des quatre zones dans lesquelles vous aviez observé le passage du souffle, c'est-à-dire le bord inférieur des narines, le troisième œil (derrière le front), la poitrine ou le ventre. Peut-être que l'une de ces zones vous a un peu plus intéressé que les autres, que vous y avez ressenti et observé plus de choses, et cet intérêt va permettre à votre conscience d'être plus en alerte.
Essayez de vous en souvenir, ou bien réessayez les quatre zones l'une après l'autre pour déterminer celle qui vous maintiendra le plus éveillé possible. C'est celle que vous pourrez observer à chaque fois dorénavant : cela créera une intimité croissante avec elle et vous en approfondirez la perception au fil de vos méditations.

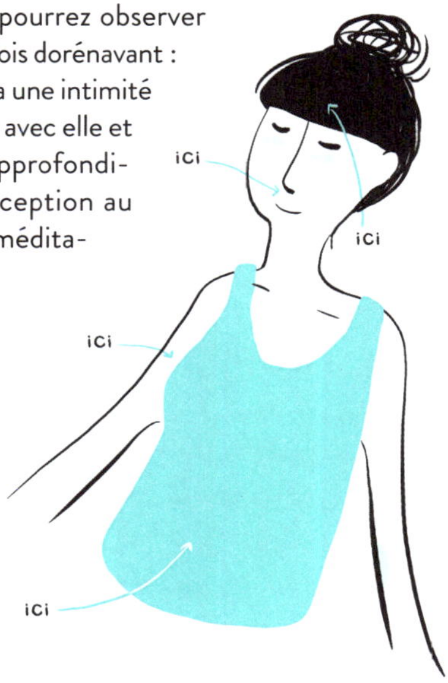

Maintenez doucement et fermement votre attention sur la zone choisie, en n'oubliant pas de prendre le temps de bien vous positionner auparavant.
Dans les moments de stress, il vous suffira de vous connecter à la zone que vous avez choisie et d'y observer le souffle pour qu'aussitôt le calme revienne dans votre esprit : ce sera votre refuge. Le fait de mettre votre conscience dessus réactivera automatiquement les sensations d'ancrage cultivées pendant l'assise quotidienne, ainsi que l'on nomme la pratique de la méditation.
En effet, le corps est la seule chose sur laquelle on peut s'appuyer lors d'une épreuve de la vie : on ne peut se fier aux pensées, qui sont changeantes, trompeuses et partent dans tous les sens dans les moments critiques (« dans quel état j'erre », se dit-on le plus souvent), et on ne peut se fier non plus à nos émotions, qui sont aussi peu fiables et changeantes (la plupart du temps, on ne sait d'ailleurs même pas ce que l'on ressent).
Le corps, même s'il vieillit, change moins vite que nos pensées et émotions, et il est le point d'appui qui peut nous aider à nous recentrer.

DIFFICULTÉS ET OBSTACLES

Vous verrez que ce que vous prenez pour des obstacles n'en sont pas, car vous finirez par les utiliser de façon positive.

LES SENSATIONS PHYSIQUES

Même si vous avez l'impression d'être confortablement assis au début, des tensions arrivent immanquablement, et comme on vous a recommandé l'immobilité, vous essayez de les supporter...

Quand des sensations physiques surviennent, faites comme pour les pensées : remarquez qu'elles sont là, puis ramenez calmement votre attention sur le souffle. Si elles sont tenaces, prenez le temps de les observer, de faire corps avec elles, et vous les sentirez se transformer légèrement sous votre attention. Respirez « dedans », comme si le souffle était doté d'un pouvoir curatif.

Si elles prennent toute la place dans votre conscience malgré tout, prenez intérieurement la décision de changer très légèrement de position, le plus lentement et consciemment possible.

La méditation requérant une immobilité maximale, il est important de considérer la cause qui vous fera changer de posture : cet intervalle entre votre désir de bouger et sa réalisation est quelque chose d'inhabituel dans votre comportement mental, et introduit une distance entre vos pensées et vos réactions.

C'EST CET INTERVALLE PENSÉE-RÉACTION QUE VOUS DEVEZ OBSERVER ET ÉLARGIR TOUJOURS DAVANTAGE.

L'AGITATION MENTALE

Vous n'arrivez pas du tout à vous détacher de vos pensées, il y en a trop ou elles vous paraissent très importantes. Dans ce cas, prenez plusieurs respirations abdominales amples et conscientes jusqu'à ce que ce flot se calme.

Vous pouvez aussi compter les secondes pendant l'inspir, la rétention, l'expir... le temps de plusieurs cycles.

L'ENDORMISSEMENT

Vous pouvez remarquer un engourdissement du corps, une tendance à vous avachir. Comme pour l'excès de pensées, prenez plusieurs respirations abdominales et/ou comptez pendant les différentes phases du souffle. Puis revenez au souffle naturel quand vous sentez que vous êtes bien réveillé et sorti de vos rêveries.

« CHAQUE TENSION EST L'OCCASION DE LA DÉPASSER » (BRIGITTE QUÉRO).

SEMAINE 5

L'ATTENTION

Vous avez remarqué que dans tous les exercices précédents, l'expression « portez votre attention sur... » revient régulièrement.

La méditation nous fait nous tourner vers l'intérieur, en nous concentrant sur le souffle et les sensations fines associées. Or, pour pouvoir bien les observer, il faut une attention capable de se concentrer un certain temps sans dispersion.

Programme de la semaine, avec treize exercices de concentration de l'esprit :

Le pouvoir de l'attention 41

Petits exercices toute la journée 42

Exercice d'attention sur un objet donné 44

Exercice de perception 45

Déformation apparente 56

Mouvement apparent 47

Espace et silence 48

Espace entre deux pensées 49

« Vivre spirituellement, c'est vivre dans le présent » (BKS Iyengar).

LE POUVOIR DE L'ATTENTION

Le fait d'observer, de prendre conscience d'une expérience de façon neutre la transforme, a une action sur elle, même de façon infime. L'attention est donc un instrument qui nous donne un immense pouvoir, celui de nous transformer, puisqu'elle transforme tout ce qu'elle touche par une mystérieuse alchimie.

C'est ce que vous avez fait en observant votre souffle lors de la méditation : il s'est régularisé sous votre attention, sans que vous lui imposiez quoi que ce soit. Or, qui dit souffle régulier dit régulation de tout un tas de fonctions sur lesquelles on n'a a priori aucune maîtrise dans d'autres circonstances, comme la tension artérielle, les battements du cœur, etc.

Nous savons tous ce que c'est que de faire les choses sans conscience et sans attention : marcher dans la rue, absorbés dans nos pensées, sans sentir notre corps ni voir les passants et les maisons. En réalité, la conscience ordinaire est inférieure au dixième de ce qu'elle pourrait être ! Imaginez un homme assoiffé depuis plusieurs jours dans le désert qui passerait devant une fontaine sans se rendre compte que c'en est une et qu'elle pourrait lui sauver la vie ! Cela ouvre des perspectives, non ?

En méditant, vous allez apprendre à développer votre attention, ce qui sera bénéfique pour vous, mais aussi pour les autres.

ÊTRE ATTENTIF

Et la bonne nouvelle, c'est que vous pouvez aussi renforcer votre attention au quotidien, et hors méditation, comme nous allons le voir tout de suite. Cela ne pourra qu'améliorer votre pratique méditative.

NOUS RATONS SOUVENT LES MERVEILLES QUE LA VIE NOUS ENVOIE PAR DÉFAUT D'ATTENTION, DE CONSCIENCE.

PETITS EXERCICES TOUTE LA JOURNÉE

EXERCER SA MÉMOIRE LE PLUS SOUVENT POSSIBLE

Par exemple, essayez d'apprendre par cœur les numéros de téléphone de vos proches, un poème, une chanson, une petite phrase de sagesse par jour, ou par semaine, que vous vous remémorerez le plus souvent possible dans la journée.

En essayant de la comprendre et, surtout, de l'appliquer !

MANGER SEULEMENT LORSQUE L'ON A FAIM

Cela paraît évident et pourtant cela nous arrive rarement, obligés que nous sommes souvent par des contraintes familiales ou professionnelles à prendre nos repas à heures fixes... Or, la sensation de faim avant le repas facilite grandement la digestion.
Manger lentement (le mieux étant en silence, mais bon, la famille ou les collègues risqueraient de mal le prendre !)
Savourez chaque bouchée, en remarquant les différentes textures, en laissant les goûts se diffuser dans le palais, et, surtout, arrêtez-vous avant la sensation de satiété. En effet, c'est un poison qui, de surcroît, nous rend somnolents : apprenez à vous arrêter avec un restant de toute petite faim, vous n'en digérerez que mieux et cela vous obligera à affiner votre ressenti pour vous arrêter au bon moment.

EN OUTRE, VOUS N'AUREZ PLUS L'IMPRESSION DE VOUS GAVER, CE QUI SERA BON POUR VOTRE MORAL... ET VOTRE SILHOUETTE !

NE FAIRE QU'UNE SEULE CHOSE À LA FOIS

En essayant de l'apprécier et de lui donner le meilleur de vous, car la perfection est possible en tout (eh oui !) et le travail à contrecœur est nuisible (il faut proscrire une bonne fois pour toutes le repassage en téléphonant !).

NE REGARDER SES MAILS QUE DEUX FOIS PAR JOUR AU MAXIMUM

Le matin et le soir par exemple, et éteignez votre portable quand vous n'attendez pas de coup de fil important : le fait d'être joignable en permanence nous empêche, de façon insidieuse, de nous donner à fond dans une activité et d'être reliés à la personne la plus importante, c'est-à-dire nous-mêmes !

ÉVITER OU RÉDUIRE LES ACTIVITÉS OÙ L'ON EST PASSIF

Comme se vautrer devant la télé sans être intéressé par le programme, manger machinalement sans avoir faim, perdre son temps avec des gens qui ne nous intéressent pas, rêvasser mollement sans être présent à ce que l'on fait : la paresse mentale est nuisible.

BOUGER LENTEMENT

De temps en temps, amusez-vous à bouger très lentement, (avec le plumeau, si vous voulez !) en conscience, comme dans un film au ralenti : vous verrez que vous percevrez des choses nouvelles, très subtiles, ce qui augmentera le niveau vibratoire de votre corps (c'est le principe de la pratique du qi gong).

MARCHER EN CONSCIENCE DANS LA NATURE

Ressentez bien le déroulement du pied, le contact du sol, votre poids qui se déplace d'un pied à l'autre, le dépliement de la jambe, etc.
Marchez toujours au moins vingt minutes. Quand vous en aurez fait l'expérience, cette durée vous paraîtra bien insuffisante, car c'est un vrai bonheur. Ensuite, vous saurez même marcher de cette façon dans un environnement de bitume et pourrez, en quelques instants, vous régénérer...

EXERCICE D'ATTENTION SUR UN OBJET DONNÉ

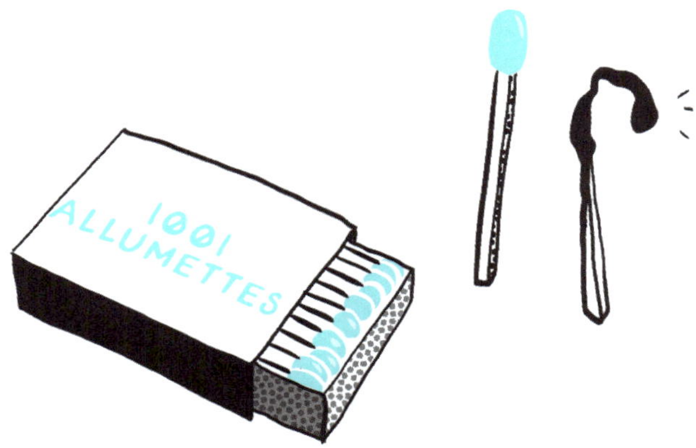

Cet exercice est l'un des six exercices complémentaires recommandés par Rudolf Steiner : il consiste à focaliser son attention sur un objet, quel qu'il soit, de préférence totalement insignifiant, et de n'accepter que des pensées qui lui sont reliées en rejetant les autres.

→ Par exemple, choisissez une allumette et pensez à sa forme, sa matière, ses couleurs, ses différentes utilisations..., au moins trois minutes chaque jour (vous pouvez décider de prendre un nouvel objet chaque jour !).

C'EST UNE FAÇON DE SE RENDRE MAÎTRE DU MONDE DE SES PENSÉES.

« PAR NOTRE ATTENTION, NOUS POUVONS TRANSFORMER CHAQUE INSTANT, CHAQUE RELATION, COMME L'ALCHIMIE TRANSFORME LE PLOMB EN OR » (JEANNE SIAUD-FACCHIN).

EXERCICE DE PERCEPTION

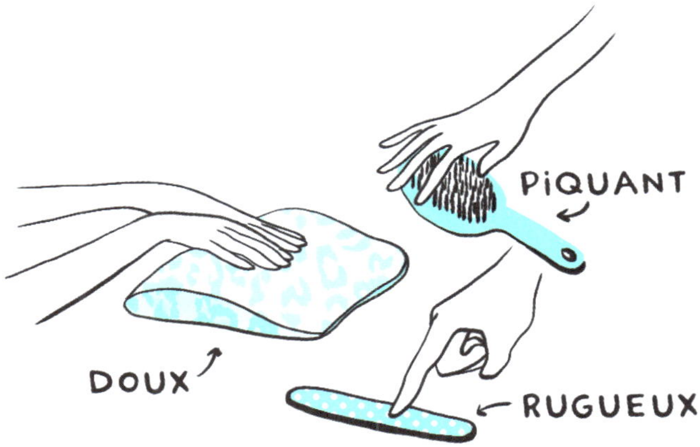

Jacques Lusseyran est devenu aveugle très jeune, et son livre *Et la lumière fut*, passionnant récit autobiographique, est truffé d'observations d'une finesse inégalée sur les perceptions sensorielles de toute sorte : « Les mains ne peuvent s'empêcher d'aimer ce qu'elles ont touché complètement : quand on touche ainsi un objet, il y a échange de poussées, de courants électriques, comme un branchement, les objets vivent, vibrent et répondent à la pression de nos doigts ! »

→ Fermez ce cahier (en prenant soin d'y mettre un marque-page !) le plus lentement possible, les yeux fermés, en remarquant la texture des pages, de la couverture, leurs rigidités différentes, leur résistance à votre toucher, comme si vous deviez en rendre compte à quelqu'un et le lui décrire précisément.

METTRE DE LA DOUCEUR, DU RESPECT ET DE L'ATTENTION DANS NOS GESTES...

...même les plus quotidiens, et même envers les objets, nous aide à en avoir pour les autres et pour soi, car tout est lié.

ASTUCE

Vous pouvez, bien entendu, choisir un autre objet, voire plusieurs, pour enrichir votre perception !

DÉFORMATION APPARENTE

Cet exercice et le suivant font partie de l'*Art de voir*, l'ensemble des techniques de rééducation visuelle du docteur Bates (rappelez-vous le palming !)

→ Asseyez-vous confortablement, le dos dans sa verticalité naturelle, visage détendu, épaules et ventre relâchés, respiration abdominale calme.
Placez votre pouce droit devant vous à hauteur des yeux, le bras légèrement plié.
Sans quitter votre pouce du regard, tournez légèrement et lentement la tête à droite puis à gauche (un peu comme quand on fait « non » de la tête), et continuez ainsi plusieurs fois.
Prenez conscience du mouvement apparent de ce qui se trouve derrière votre pouce, comme un paysage à l'arrière-plan qui défile, qui glisse (bien sûr, c'est mieux de ne pas se trouver devant un mur blanc impeccable, car rien ne défilerait !).

« OUVRE L'OEIL ET REGARDE, TU VERRAS TON VISAGE DANS TOUS LES VISAGES. TENDS L'OREILLE ET ÉCOUTE, TU ENTENDRAS TA PROPRE VOIX DANS TOUTES LES VOIX » (KHALIL GIBRAN).

MOUVEMENT APPARENT

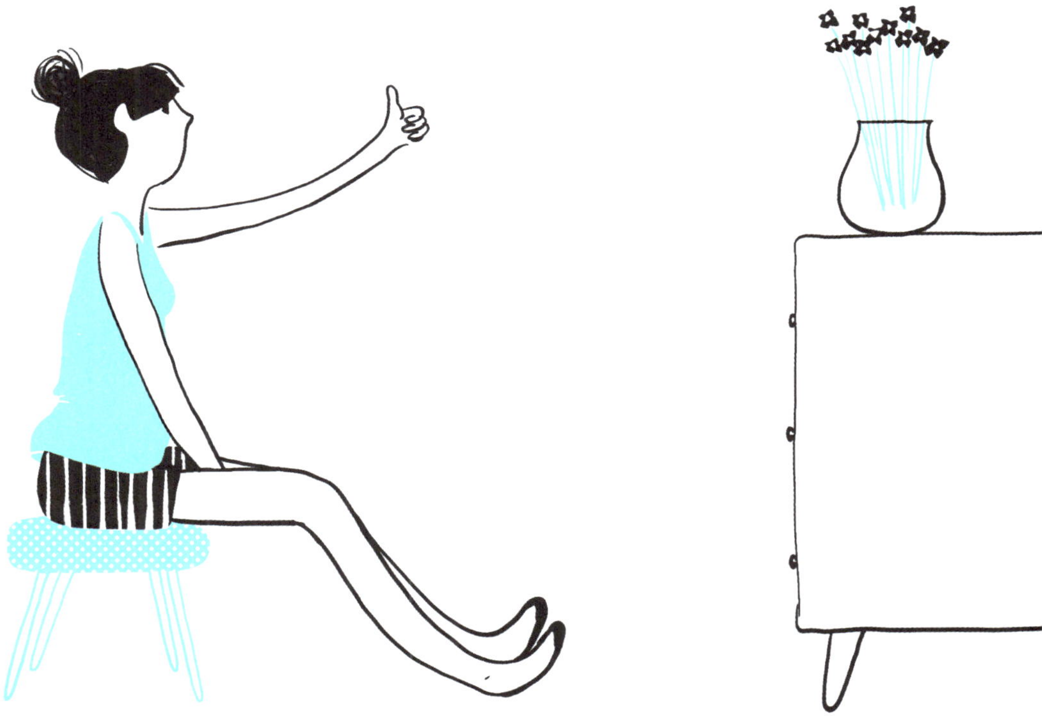

Asseyez-vous confortablement, le dos dans sa verticalité naturelle, visage détendu, épaules et ventre relâchés, respiration abdominale calme. Placez le pouce gauche devant vous, à hauteur des yeux, le bras légèrement plié.
Regardez ce qui se trouve à l'arrière-plan de ce pouce, puis choisissez de rester le regard fixé sur un détail de cet arrière-plan (un livre, un arbre, une fenêtre...).
Tournez lentement la tête de droite à gauche. Prenez conscience du mouvement apparent de votre pouce, de gauche à droite.

À RETENIR

Ces deux exercices stimulent la vision périphérique, tout en détendant le système nerveux autonome, qui régule les fonctions vitales (digestion, battement du cœur...), et en nous empêchant d'être dans nos pensées.

ESPACE ET SILENCE

Vous allez vous mettre en posture de méditation, régler votre réveil sur 3 minutes, fermer les yeux, détendre l'une après l'autre les zones de votre corps, de haut en bas, puis vous intéresser à l'espace qui vous entoure, celui qui englobe les meubles et les objets.

Prêtez attention au silence, même s'il est traversé par des sons, des bruits lointains ou proches, auxquels vous ne mettrez pas d'étiquette.

Écoutez ce silence de tout votre cœur, de toute votre âme, et sentez toutes les possibilités qu'il contient, sa densité vibrante, sa richesse, sa bienveillance, la vie qui l'anime, ses promesses, avec amour et dans la certitude que cet espace silencieux vous veut du bien.

Mettez-y une joie et une forme de bonheur anticipé, de gourmandise : cette écoute du silence est très puissante et vous met en relation avec votre silence intérieur, riche d'une paix profonde.

Vous laisserez les sons éventuels vous traverser sans vous y arrêter, comme des ondes sonores qui vous nettoient ; vous verrez, cela peut être très agréable.

Un de mes maîtres aimait utiliser l'exemple d'un chien qui guette le retour de son maître : son écoute attentive est déjà remplie de la joie liée à la certitude de ce retour. Comme lui, nous devons donner une attention aiguë au moment présent, en nous réjouissant de tout ce qu'il peut nous apporter.

Essayez de pratiquer cette écoute de pleine conscience de l'espace silencieux régulièrement dans la journée, sur votre lieu de travail, dans le train, dans la nature bien sûr, et même dans des conditions qui semblent défavorables à première vue.

Cette écoute de l'espace et de son silence est contraire à notre habitude, qui est de ne nous intéresser qu'aux objets matériels et aux sons. De la même façon, nous n'écoutons que nos pensées au lieu de nous intéresser au bref instant ENTRE deux pensées consécutives. C'est ce que vous tenterez de faire dans le prochain exercice.

ESPACE ENTRE DEUX PENSÉES

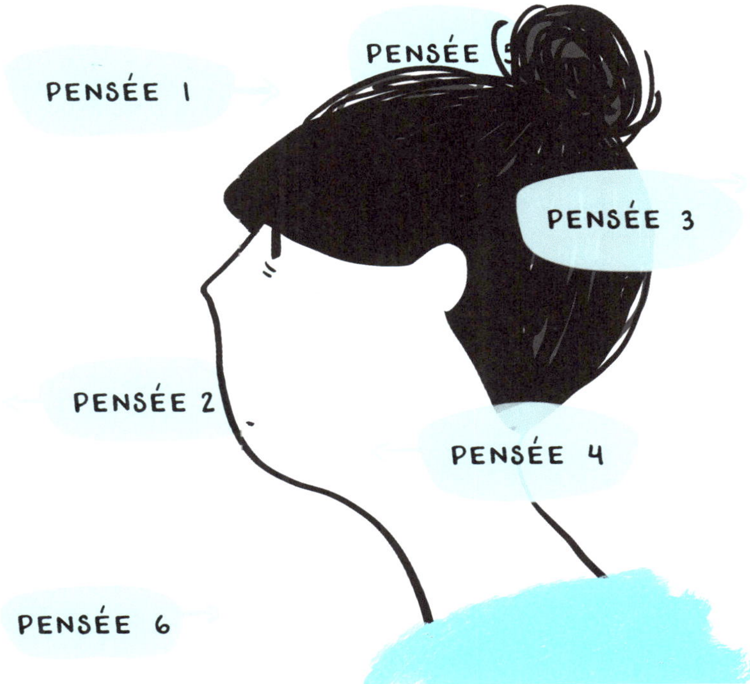

Décidez de remarquer les pensées qui surgissent dans votre esprit, ainsi que le moment entre deux pensées, dont vous essaierez d'apprécier la texture, en tentant de l'allonger.

Au début, cela demande un effort de conscience, mais, petit à petit, cela deviendra une seconde nature, et vous remarquerez vite quand vous n'y êtes pas. En effet, quand on n'y est pas, nos pensées automatiques ont le champ libre : tensions, fatigue et idées noires reviennent au galop !

Cette façon de vivre est donc comme une méditation de chaque instant ! Vaste programme, mais c'est un entraînement, il faut juste décider de commencer.

PLUS FIN QUE L'AIR

Avec la pratique, vous observerez le souffle de plus en plus finement et y découvrirez de nouvelles sensations : vous parviendrez même à ressentir une respiration très subtile, plus fine que le passage de l'air.

L'ÉNERGIE

L'énergie n'est pas une notion qui vous est inconnue. C'est un mot que l'on emploie beaucoup, et il vous arrive sûrement de dire que vous manquez d'énergie, ou au contraire que vous êtes plein d'énergie. Le problème, c'est que ça va et ça vient sans votre accord, et que vous aimeriez bien maîtriser un peu tout cela !

Programme de la semaine, avec deux exercices pour accroître votre énergie et la relier à celle de l'univers :

Qu'est-ce que l'énergie ? 51

Sankalpa 52

Les bienfaits de la méditation sur l'énergie 54

Recharge de l'énergie 55

La cachette 56

« Tous les dragons de nos vies ne sont peut-être que des princes qui attendent de nous voir beaux et courageux » (Rainer Maria Rilke).

QU'EST-CE QUE L'ÉNERGIE ?

Tout simplement LE constituant de l'univers, c'est-à-dire de tout ce qui existe (animaux, végétaux, minéraux, et même les objets…), ce que nous entendons, reniflons, pensons, ressentons, mangeons, mais aussi ce que nous sommes, bien sûr, car l'être humain est énergétique avant d'être chimique.

D'ailleurs, sa nature vibratoire (reconnue par la Médecine chinoise : énergie = Qi et l'ayurvéda : énergie = Prana, depuis des millénaires) est en partie acceptée par la médecine occidentale moderne, qui parle d'ondes cérébrales et d'influx nerveux.
Notre corps physique est constitué des mêmes atomes que les nuages, les arbres, les animaux : il comporte une dimension énergétique en relation directe avec toutes les forces de la nature et du cosmos. Chaque être contient le monde.
Or, ce corps physique est en perpétuelle transformation : il est l'expression physique de notre esprit, qui le transforme en permanence. Il se recharge et se reconstruit sans cesse !
Une cellule devient un être humain en 9 mois, une fleur éclot en une nuit ; la puissance de la vie est prodigieuse et votre état d'esprit joue un rôle important dans votre vie, en l'influençant dans un sens ou dans l'autre.
Nous sommes en grande partie ce que nous pensons, et nos pensées deviennent matière à travers notre corps. Nous avons vu dans un chapitre précédent qu'elles peuvent agir sur lui, comme le montre d'ailleurs l'effet placebo.

« LA PERCEPTION HUMAINE DE L'ÉNERGIE COMMENCE PAR UNE SENSATION AUGMENTÉE DE LA BEAUTÉ, PUIS ON VOIT UN CHAMP D'ÉNERGIE PLANER SUR CHAQUE CHOSE » (JAMES REDFIELD).

VIBRATIONS

La moindre de nos pensées émet ainsi une vibration particulière. Vous comprenez alors qu'en méditant, vous influez sur vos pensées, donc sur votre énergie !

SANKALPA

Le mot sanscrit sankalpa signifie « pensée noble, désir d'élévation, de progrès personnel ».

→ Prenez quelques instants et penchez-vous sur votre vie. Tentez d'y discerner un domaine où vous savez que vous devez, et pouvez, vous améliorer. Il peut s'agir d'un désir profond de transformation, mais cela peut être aussi une tendance que vous voulez éliminer (la paresse, la cigarette, le grignotage, le pessimisme...), ou encore une habitude que vous souhaitez prendre (la pratique de la méditation au hasard !). Puis vous allez penser à une phrase très simple qui résume ce désir d'évolution, sans tournure négative (ne prenez pas « Je ne veux plus fumer », mais plutôt « Je veux me libérer de la cigarette »).
Répétez intérieurement trois fois votre phrase personnelle, puis visualisez-vous un moment avec cette nouvelle aptitude, ou bien libéré de cette mauvaise habitude, avec toutes les conséquences positives que cela implique dans votre vie. Prenez bien le temps de les imaginer clairement et précisément, et d'en apprécier tous les bénéfices.

LAISSEZ UN SENTIMENT DE SATISFACTION, DE VICTOIRE SUR VOUS-MÊME, VOUS ENVAHIR...

La volonté est comparable à un muscle, et cet exercice la fortifiera dans d'autres domaines également, même si vous avez pris une résolution très modeste, comme décider de faire votre lit correctement tous les matins ou de régler les factures dès que vous les recevez !

« TOUT CE QUE NOUS PERCEVONS COMME DE LA MATIÈRE DURE N'EST EN RÉALITÉ POUR L'ESSENTIEL QUE DE L'ESPACE VIDE TRAVERSÉ PAR UN COURANT D'ÉNERGIE » (EINSTEIN).

En ayant introduit cette pensée positive et forte dans votre mental, et en la cultivant régulièrement, elle finira par se manifester dans la matière en produisant un changement concret dans votre vie. Même si cette démarche paraît à première vue contraire à la méditation (puisque cette dernière préconise de ne pas s'attacher aux pensées), le fait d'en choisir une en rapport avec notre désir d'évolution et de l'installer dans le mental permet de contrôler ce dernier, qui sera moins squatté par des pensées indésirables...

FRÉQUENCE

Vous ferez cet exercice matin et soir pendant trois semaines, en tâchant de mettre en pratique ce sankalpa dans votre vie, bien sûr, à travers une action quotidienne.

LES BIENFAITS DE LA MÉDITATION SUR L'ÉNERGIE

Le fait de s'entraîner régulièrement à ne pas s'attacher à nos pensées négatives générées par la peur, l'anxiété, la colère ou la jalousie, agit au niveau cellulaire, car nos cellules obéissent à notre mental et s'en nourrissent.

En laissant aller les pensées négatives, on apprend aussi à dépenser moins d'énergie dans nos ruminations.

Chaque fois que l'on convertit une attitude négative, par l'accueil qu'on lui fait, en attitude positive, cette économie d'énergie permet peu à peu une réelle transformation intérieure, car une nouvelle énergie, cette fois-ci positive, se fixe en nous comme un corps de lumière (eh oui, vous allez bientôt rayonner !).
En nous entraînant à ne pas nous accrocher aux pensées qui nous éloignent de notre centre, la méditation permet de libérer les énormes quantités d'énergie que nous y mettions. Toutes les impulsions motrices sont au repos, et cette énergie peut revenir à la source, à nous, à vous.

ÉNERGIE LOURDE

Pendant la pratique de la méditation, vous pouvez ressentir, découvrir en vous la descente intérieure d'une énergie lourde, grossière, au fur et à mesure que vous vous relâchez plus profondément. Cette énergie est en relation directe avec le tourbillon incessant de vos pensées et émotions, et l'immobilité lui permet de revenir à sa place, vers le Hara, de remplir le bassin, le sacrum et les organes génitaux, dégageant ainsi la tête, les épaules et le cœur, permettant simultanément la montée d'une énergie fine, subtile, qui s'élève sans effort, comme la flamme d'une bougie qui apporte clarté, intelligence, ouverture d'esprit et pensées nobles.

RECHARGE DE L'ÉNERGIE

La respiration abdominale est une merveilleuse clé pour recharger son énergie.

→ Debout, dans une verticalité naturelle et confortable, paumes des mains vers le ciel, bras légèrement pliés, prenez conscience de votre poids et du contact de vos pieds avec la terre.
À l'inspir, gonflez légèrement le ventre, avec l'intention de capter une nouvelle énergie. Restez quelques instants poumons pleins pour qu'elle imprègne vos cellules.
Puis expirez lentement en rentrant doucement le ventre, avec l'intention de vous débarrasser de vos énergies polluées, de vous nettoyer (on a toujours en nous des énergies perverses dues à de nombreux facteurs et on se doit de s'en débarrasser quotidiennement).

Faites cet exercice au moins six fois de suite chaque jour

De préférence au réveil, mais aussi chaque fois que vous vous sentez sans énergie. Vous pouvez également le faire juste avant votre séance de méditation.
Avec un peu de pratique, vous pourrez aussi imaginer que vous respirez par toute la surface de votre peau, et vous verrez que cette respiration « cutanée » est très agréable.

LA CACHETTE

Voici un petit conte, qui vous fera réfléchir…

Il y a bien longtemps, les dieux, soucieux, s'étaient réunis au sommet d'une montagne sacrée pour un conseil extraordinaire : en effet, ils constataient chaque jour les rapides progrès de l'Homme et craignaient qu'il ne réussisse à leur voler leur pouvoir divin. Il leur était demandé de faire des propositions quant à l'endroit secret où ils décideraient de cacher ce pouvoir.

UN DIEU PROPOSA DE LE CACHER AU SOMMET DE LA PLUS HAUTE MONTAGNE.

Mais il lui fut répondu que les hommes le trouveraient certainement, poussés par leur curiosité à escalader les plus hauts sommets.

Un autre proposa de le cacher au centre de la Terre, mais on lui répondit que l'Homme, toujours désireux d'explorer le monde qui l'entoure, réussirait forcément à parvenir au centre de la Terre.

UN AUTRE PROPOSA DE LE CACHER AU FOND DES MERS, mais on lui objecta que l'homme, à l'aide de son intelligence, inventerait des sous-marins capables d'explorer les fonds des océans.

« ALORS DANS LES AIRS, SUR LA LUNE ? »

proposa un quatrième.

« Non, répondit un dieu, l'Homme réussira aussi à fabriquer des engins pour y aller et explorera également d'autres planètes. »

Les dieux étaient très inquiets, à court d'idées.

Quand l'un d'eux, qui n'avait pas encore parlé, prit la parole et leur dit :

« L'Homme continuera à inventer des engins de plus en plus perfectionnés pour comprendre et explorer le monde, et on ne pourra rien contre cette soif légitime de connaissance. Aussi, je pense avoir une idée. Il y a un endroit qu'il n'explorera jamais... »

« Lequel ? » lui demandèrent les autres, sans trop y croire.

« NOUS LE CACHERONS LÀ OÙ IL N'AURA JAMAIS L'IDÉE NI L'ENVIE D'ALLER : AU PLUS PROFOND DE SON CŒUR. »

Et c'est ce qu'ils décidèrent de faire, à l'unanimité, bien sûr...

SEMAINE 7

LA GRATITUDE

La méditation nous entraîne à ne pas nous identifier à nos pensées, donc à avoir un certain recul, pour trouver ensuite l'attitude juste.

Nos pensées automatiques sont un peu les mauvaises herbes de notre jardin intérieur, nous devons les désamorcer sans cesse, pour les empêcher de prendre trop de place, afin d'avoir la possibilité de planter les magnifiques fleurs de l'amour et de la gratitude.

C'est là que vous touchez du doigt le pouvoir de la méditation : elle va vous emmener plus loin que le simple relâchement des tensions et l'apaisement des pensées, pour imprégner toute votre vie !

Programme de la semaine, avec trois exercices pour répandre la gratitude dans votre vie :

Faire jaillir la gratitude 59

Gratitude chez vous 60

Gratitude envers vos proches 61

Gratitude pour votre corps 62

« La gratitude aide à diriger notre attention vers les choses heureuses de notre vie, et à la détourner de ce qui lui manque » (Robert Emmons).

FAIRE JAILLIR LA GRATITUDE

La gratitude est LE sentiment à cultiver ! C'est une forme d'amour très puissante, et il est même prouvé qu'il est bienfaisant pour le système immunitaire ! Essayez de l'éprouver le plus souvent possible, vous verrez, on en prend vite l'habitude… C'est une décision qu'il nous appartient de prendre.

Pour cultiver cette joie intérieure, il faut tout simplement commencer par remarquer que l'on cultive en général son opposé, c'est-à-dire rancœur, ruminations, sentiment d'impuissance, face à une barre que l'on place trop haut, des projections négatives sur les gens et sur soi… La méditation vous aide à remarquer quand vous n'êtes pas dans cette paix intérieure.

« LE BONHEUR, ÇA SE FABRIQUE » (ARNAUD DESJARDINS).

COMPARAISONS

On se compare toujours à des gens plus chanceux, plus intelligents, plus beaux, et jamais à des gens moins chanceux (pensez à la vie dans certains pays du tiers monde, à des pays en guerre…), moins intelligents (si vous avez ce livre entre les mains, c'est que vous savez lire et que vous faites partie des privilégiés), moins beaux (tout simplement nous dans cinq ans !).

Bien sûr qu'il y a des vies ou des situations plus faciles que d'autres, mais nous connaissons tous des gens qui ont tout pour être heureux et qui dépriment, et des gens qui ont une vie semée d'épreuves et pourtant un optimisme incroyable ! Il y a une injuste part de hasard sur laquelle on ne peut rien, mais le fait de savoir que l'on a une petite marge de manœuvre peut aider. De toute façon, on est soit dans un cercle vicieux (une idée noire que l'on cultive en amène d'autres encore plus noires), soit dans un cercle vertueux : vous verrez que quand on cultive la bonne attitude, le recul, la gratitude, la vie s'éclaircit, même modestement.

ESSAYEZ ET VOUS VERREZ !

GRATITUDE CHEZ VOUS

Prenez quelques instants pour regarder les meubles et les objets présents dans la pièce où vous vous trouvez et, pour chacun d'entre eux, essayez de vous remémorer les circonstances de leur arrivée chez vous.

Certains sont des cadeaux, donc représentent de l'amour que l'on a eu pour vous : gratitude envers les donateurs (même l'horrible lampe de votre belle-sœur) !

D'autres sont des coups de cœur : gratitude envers la vie qui vous a donné ces moments forts ! D'autres sont des livres d'auteurs que vous adorez : gratitude envers ce lien particulier avec eux et cette nourriture indispensable que sont leurs œuvres ! D'autres encore ont une forme qui vous enchante à chaque fois que vous posez le regard sur eux (enfin... quand vous savez les redécouvrir en posant un regard neuf sur eux, car, malheureusement, l'habitude tue tout) : gratitude envers cette beauté que vous contemplez, envers les artistes qui ont reçu l'inspiration de les créer.

GRATITUDE ENVERS VOS PROCHES

On traîne souvent en soi des reproches et des rancœurs tenaces envers nos parents ou nos proches, qui sont autant de sentiments négatifs qui ne nous aident pas, et même qui nous bloquent dans notre évolution.

→ Vous allez penser à tous les gens qui vous ont donné de l'amour, de l'affection, depuis votre naissance jusqu'à aujourd'hui... Aux trésors de patience qu'ont déployés les gens qui vous ont élevé. Aux nuits blanches qu'ils ont passées lors de vos bronchites ou cauchemars effrayants. Aux efforts faits pour vous distraire, vous gâter, vous éveiller au monde.

ALORS ?

Sentez-vous quelque chose de doux, de chaud, très ténu, qui naît en vous, au niveau du cœur ? Le cœur est le centre de l'amour sous toutes ses formes et on peut physiquement y ressentir comme un attendrissement, dans le sens où quelque chose de dur en vous se met à devenir plus tendre, se met à fondre, et tout d'un coup ça circule mieux à l'intérieur, il n'y a plus de blocage, ça coule...
Cultivez ce sentiment délicat et très nourrissant quelques minutes, approfondissez-le, il est très bénéfique.

À cultiver sans modération !

GRATITUDE POUR VOTRE CORPS

Il ne nous convient généralement pas, et on se préférerait plus grand, plus petit, plus gros, plus mince, plus souple…

→ Au lieu de vous focaliser sur des détails extérieurs, sachez tout simplement apprécier tout ce qu'il exécute pour vous et tâchez de porter sur lui le regard ébloui et reconnaissant que Pinocchio, le pantin de bois, porte sur le sien le jour où il découvre qu'il est devenu un vrai petit garçon de chair et d'os, avec les possibilités infinies que cela lui ouvre…

Et regardez de tous vos yeux ce que vous avez la chance de voir, comme un aveugle qui recouvre la vue.

Et respirez comme si vous vous remplissiez de lumière de vie, comme un prisonnier qui retrouve la liberté et l'air pur.

Et écoutez comme un sourd à qui l'ouïe est rendue, en vous remplissant de la symphonie du monde, comme si elle vous nettoyait.

Et savourez tout ce que vous avez la chance de manger.

« L'ESPRIT S'ENRICHIT DE CE QU'IL REÇOIT, LE COEUR DE CE QU'IL DONNE » (VICTOR HUGO).

SENS EN ÉVEIL

Tous nos sens sont là pour nous faire goûter le monde : il faut les utiliser consciemment le plus souvent possible, comme des exercices de régénération puissante, car la joie ainsi éprouvée se communique à toutes nos cellules. Et, surtout, avec gratitude, car tout est cadeau et peut nous être enlevé à n'importe quel moment !

POUR ALLER PLUS LOIN

Jeanne Siaud-Facchin, *Comment la méditation a changé ma vie et pourrait bien changer la vôtre*, éditions Odile Jacob.

Thierry Janssen, *La Solution intérieure*, éditions Pocket.

Eckhart Tolle, *Le Pouvoir du moment présent,* éditions J'ai Lu.

Arnaud Desjardins, *L'Audace de vivre*, éditions Pocket.

Jacques Lusseyran, *Et la lumière fut*, éditions du Félin.

Ryan Holiday, *The Obstacle Is the Way*, Profile Books Ltd (en anglais).

Maria-Elisa Hurtado-Graciet et Luc Bodin, *Ho'oponopono*, éditions Jouvence.

Deepak Chopra, *La Voie du magicien*, éditions J'ai Lu.

⇨ ZÉRO BLABLA, ÇA VOUS PARLE ?

RETROUVEZ DANS LA MÊME COLLECTION

ABDOS-FESSIERS
ANTISTRESS
ASTUCES DE MAMIE
BIKINI
BODY SCULPT
BRÛLE-GRAISSE
CROSS TRAINING
DÉFI ANTI-GASPI
DÉFI BONHEUR
DÉFI RANGEMENT
DÉTOX
FLEURS DE BACH
HIIT
HUILES ESSENTIELLES
MAKE-UP TEINT PARFAIT
MÉDITATION
MINCEUR
MINCEUR -5 KG
PILATES
RUNNING
RUNNING MINCEUR
SANS GLUTEN
SIX PACKS
TUTOS COIFFURE
VENTRE PLAT
YOGA
YOGA MINCEUR
SANS SUCRE

MARABOUT s'engage pour l'environnement en réduisant l'empreinte carbone de ses livres.
Celle de cet exemplaire est de : 500 g éq. CO_2
Rendez-vous sur www.marabout-durable.fr

PAPIER À BASE DE FIBRES CERTIFIÉES

Ce cahier est l'adaptation de *Comment je me suis mise à la méditation*,

Achevé d'imprimer en juin 2018, sur les presses de Macrolibros en Espagne pour le compte des Éditions Marabout (Hachette Livre), 58 rue Jean Bleuzen Vanves Cedex.
Dépôt légal: novembre 2017 - 1628515 / 02 - 978-2-501-12680-9